AF313725

BRUTAL,

OU

IL VAUT MIEUX TARD QUE JAMAIS,

VAUDEVILLE,

EN UN ACTE ET EN PROSE,

PARODIE D'UTHAL,

Par MM. JOSEPH PAIN et VIEILLARD.

Représenté pour la première fois sur le théâtre du Vaudeville, le 31 mai 1806.

Prix : 24 sols.

A PARIS,

Chez Madame MASSON, Libraire, rue de l'Echelle Saint-Honoré, N°. 10.

1806.

PERSONNAGES.   ACTEURS.

BRUTAL, jeune premier.   M. LA PORTE.
MALVIENLA, amoureuse.   Mad. BELMONT.
SANREMOR, ex-père noble.   M. LE NOBLE.
NULLIN, utilité de la troupe.   M. FICHET.
COMÉDIENS DE VINCENNES, ayant chacun un habit
  de caractère, tel que le Crispin, le Scapin, le Paysan, le
  Léandre, etc.
DEUX GILLES.

*La Scène est auprès du Jardin des Plantes, vis-
à-vis la Rapée.*

Il n'y a d'Edition approuvée par les Auteurs, que celle
signée par l'Editeur.

ANNONCE

à la fin de la première Pièce.

PREMIER INTERLOCUTEUR.

EH bien ! à quoi rêves-tu donc ?

SECOND INTERLOCUTEUR.

A ce que j'ai vu hier soir.

PREMIER INTERLOCUTEUR.

Qu'as-tu donc vu ?

SECOND INTERLOCUTEUR.

AIR : *Vaudeville de l'Opéra Comique.*
D'un père j'ai vu le courroux,
J'ai le courroux de son gendre.
Auprès d'un père et d'un époux,
J'ai vu la fille la plus tendre :
Des pleurs par-ci, des cris par-là;
  Fracas héroïque
    Et tragique.

PREMIER INTERLOCUTÉUR.
Où donc as-tu vu tout cela ?

SECOND INTERLOCUTEUR.
A l'Opéra-comique.

PREMIER INTERLOCUTEUR.
Crois-tu qu'on en fasse la parodie ?

SECOND INTERLOCUTEUR.

Elle est faite.

AU PUBLIC.

AIR : *Vaudeville de l'Avare*, ou *des Visitandines.*
Messieurs, Uthal se vit naguère
Traité par vous avec honneur :
Non moins aimables pour son frère,
Traitez Brutal avec douceur.
Si votre bon goût nous contrôle,
Chacun de vous est trop loyal,
Lorsque nous vous donnons Brutal,
Pour vouloir en jouer le rôle.

BRUTAL,

PARODIE D'UTHAL.

*Le théâtre représente le bord de la Seine. Un arbre
à la gauche des spectateurs , devant lequel est
une échelle double. Une chaise de paille sur un
des côtés. Il fait nuit. Vers la fin de l'ouverture
Malvienla paraît éperdue , fait quelques pas , et
dit :*

Ecoutez-moi : Je n'ai rien à dire pour cette fois , je
passe. (*elle sort par la coulisse opposée. L'orchestre achève l'ouverture.*)

SCENE PREMIERE.

SANREMOR , MALVIENLA , *se tenant embrassés.*

SANREMOR.

AIR : *au clair de la lune.*

Au clair de la lune ,
Ma fille, est-ce toi !
Ma petite brune
Qu'ici je revoi !

MALVIENLA.

Grace à mon adresse ,
Fuyant les méchans ,
Pour toi ma sagesse
A couru les champs.

SANREMOR.

Comment seule ? sans suite ?

MALVIENLA.

J'agis toujours sans suite.

SANREMOR.

Comme tu tiens de moi ! Mais , qui sommes-nous ?

MALVIENLA.

Je pense que nous sommes des comédiens ambulans.

SANREMOR.

Je crois que tu es, Malvienla, première amoureuse.

MALVIENLA.

Je soupçonne que tu t'appelles Sanremor, et que tu étais notre directeur.

SANREMOR.

Monsieur Brutal, jeune premier de la troupe, et ton cher mari, s'est fait nommer à ma place.

MALVIENLA.

Et t'a chassé de l'auberge du Saumon, près du Jardin des Plantes, et près d'ici.

SANREMOR.

Qu'allions-nous faire là?

MALVIENLA.

Manger une matelotte, que tu avais payée d'avance.

SANREMOR.

Et que Brutal a dévorée. Où devions-nous aller demain matin?

MALVIENLA.

Nous présenter à l'administrateur de la maison de Charenton, où l'on joue maintenant la comédie. Nous étions sûrs d'y trouver notre répertoire.

AIR :

On y voit quelquefois Nina,
Palmer avec son Amalie,
Souvent sur ce théâtre-là
On exécute une folie.
Le Médecin Turc y tient bon,
Là, Jenny parle sans rien dire.
Mais c'est sur-tout à Charenton
Que l'on doit trouver le délire.

SANREMOR.

Pourquoi donc t'ai-je fait ces questions ? Ne savons-nous pas qui nous sommes ?

MALVIENLA.

C'est tout au plus ; mais les autres n'en savaient rien, et nous aurions été capables de ne pas le leur dire.

SANREMOR.

Tu es une fille prudente. Encore une question : Comment as-tu quitté ton mari?

MALVIENLA.

Je l'ai laissé à table, vidant sa troisième bouteille de Champagne....

SANREMOR.

De mon vin de Champagne ! Et pourquoi l'as-tu quitté?

MALVIENLA.

Je n'avais pas soif.

SANREMOR.

O prodige d'amour ! O fille aimable et chère !

MALVIENLA.

Dans quel état je te revois , mon père !

SANREMOR.

C'est pourtant monsieur ton mari qui m'a arrangé comme cela. Tu viens donc me retrouver ; c'est fort beau ; mais pour prix de ta vertu, je n'ai rien à te donner.

MALVIENLA.

Eh bien ! ce sera pour une autre fois.

SANREMOR.

Maintenant une petite invocation :

AIR : *Lubin a la préférence.*

O mânes de mes ancêtres ,
Sur ma fille et sur moi répandez vos faveurs:
Contre des ingrats, des traîtres,
Venez servir mes fureurs.

MALVIENLA.

Ah! que je plains ta souffrance!

SANREMOR.

Qu'auras-tu pour récompense ?
En proie au malheur,
Jamais ton cœur
Du bonheur
N'aura la douceur.

MALVIENLA.

Ah! calme cette douleur,
Tout mon bonheur
Est dans ton cœur;
J'y dois trouver ma récompense.

SANREMOR.

Oui, plus de douleur,
Viens sur mon cœur.

MALVIENLA.

Encor ton cœur !

SANREMOR.

Oui, toujours cœur sur cœur.

MALVIENLA.

Maintenant, c'est à toi à me conter tout ce que tu as fait.

(6)

SANREMOR.

Ma fille, il n'est pas loin le jour de la vengeance,
Et j'attends des héros que la gloire conduit.

MALVIENLA.

Des héros !

SANREMOR.

Les comédiens stationnés à la Foire de Vincennes, la troupe
de Fringal !

MALVIENLA.

Mais, comment ?

SANREMOR.

Ecoute.

MALVIENLA.

J'écoute.

SANREMOR.

Je fuyais, chassé par Brutal. De toute la troupe, le fidèle
Nullin, notre utilité, seul, accompagnait mes pas. Nous che-
minions tous deux tristement à travers les broussailles. Déjà
nous avions franchi les murs du jardin de l'auberge du Saumon,
et nous touchions au rivage de la Seine.

AIR : *Ronde du rival confident.*

Nullin voit un petit bateau :
  Dieux ! quel trait de lumière !
Dit il, en s'élançant sur l'eau ;
  Traversons la rivière.
Pour te venger de Brutal,
Près du directeur Fringal,
Je me rends à Vincenne.
Oui, de sa troupe chaque acteur
  Va venir sur la Seine
  Venger un directeur.

MALVIENLA.

Et tu crois que les comédiens de Vincennes vont venir à
ton secours ?

SANREMOR.

Sans doute. Qu'ont-ils de mieux à faire que de punir un
traître et venger un père noble ?

SANREMOR.

Le sifflet seul peut mettre Brutal à la raison.

MALVIENLA.

Le sifflet !....
J'aurais voulu pour vaincre employer d'autres armes.

SANREMOR.

Ce sont les plus sûres.

MALVIENLA.

Les plus injustes.

SANREMOR.

Les plus à la mode.

MALVIENLA.

Ainsi, vous comptez faire siffler Brutal?

SANREMOR.

A son début à Charenton.

MALVIENLA.

Et c'est pour cette belle expédition que vous attendez les comédiens de Fringal?

SANREMOR.

Ils vont venir sur des bateaux conduits par Nullin, notre utilité.

MALVIENLA.

Ah! ça, il me semble qu'il y a bien assez de tems que nous jasons..... Est-ce qu'il ne viendra personne?

SANREMOR.

J'entends quelqu'un.

CHŒUR DANS LE LOINTAIN.

Fringal fait voler ses bateaux.

SANREMOR.

On chante sur la rivière.

MALVIENLA.

Le bruit vient des côtes de Bercy.

CHŒUR *un peu plus près.*

Fringal fait voler ses bateaux.

SANREMOR.

Fringal! ô ciel!

MALVIENLA.

Fringal !

CHŒUR *paraissant sur la scène.*

AIR : *De la contredanse des petits patés.*

Fringal fait voler ses bateaux,
Et la Seine courbant ses flots,
Avec orgueil voit sur son dos
Flotter l'élite des héros.

SANREMOR.

La vengeance
S'avance.
Par ce moyen nouveau,
Mon antique puissance
Déjà revient sur l'eau,

MALVIENLA.

Maudite soit la chance,
Maudit soit le bateau ;
Je vois mon espérance
S'en aller à vau-l'eau.

CHŒUR.

Fringal fait voler , etc.

SCENE II.

LES PRÉCÉDENS , NULLIN avec une vielle en bandoulière. COMÉDIENS DE VINCENNES. DEUX
GILLES, dont l'un a une vielle en bandoulière. L'un a
une barbe blanche ; l'autre une noire. Nullin l'a noire.

SANREMOR.

Est-ce toi ?

NULLIN.

C'est moi.

SANREMOR.

As-tu quelque chose à dire ?

NULLIN.

Beaucoup trop de choses à dire.

MALVIENLA.

Parle toujours.

NULLIN.

AIR : *Or, écoutez , petits et grands.*

Or écoutez ce récit-là .
Sanremor et toi Malvienla :
Quand j'eus , traversant la rivière,
Touché la terre hospitalière,
Je fus. pour remplir ton décret,
Chercher Fringal au cabaret.

AIR : *Mon père était pot.*

Je demande Fringal , soudain
On me répond : il soupe.
J'entre et le vois dans un festin
Au milieu de sa troupe,
Parmi les dindons ,
Parmi les jambons ;
D'où je conclus en somme,
Qu'après ses travaux,
Le plus grand héros
Soupe comme
Un autre homme.

AIR : *Monsieur le Prevot des Marchands.*

Je lui raconte comme quoi
Brutal t'a chassé de chez toi :

A ces mots il remplit son verre,
Le vuide, aussitôt le remplit,
Et puis, d'une voix de tonnerre,
S'adressant à sa troupe, il dit :

AIR : *Que le sultan Saladin.*

« Brutal n'est point mon égal ;
» Croyez-vous donc que Fringal
» Perdant le soin de sa gloire,
» Veuille d'une telle victoire ?
» Héros ici rassemblés,
  » Allez,
   » Volez,
» Sifflez tous et resifflez ;
» Moi je pense comme Grégoire,
  » J'aime mieux boire.

AIR : *De la découpure.*

Après un si noble propos,
  Au front des héros
On voit soudain briller la joie ;
Et bientôt sur douze bateaux,
Au nombre de sept les héros
  Voguent sur les flots.

CHŒUR.

Dépêchons, dépêchons, dépêchons-nous,
  De notre courroux
Que Brutal devienne la proie.
Dépêchons, dépêchons, dépêchons-nous,
Conduisez nos pas et dirigez nos coups.

SANREMOR.

(*Tragiquement.*)

Messieurs, vous êtes bien honnêtes ; mais j'ai un petit dis-
cours à vous faire.

NULLIN.

Silence, messieurs.

SANREMOR.

Un ingrat me trahit....

MALVIENLA, *l'interrompant.*

Mon père, ils le savent.

UN HOMME DES CHŒURS.

Nous le savons.

SANREMOR.

Je ne le savais pas.

NULLIN.

Je l'ai dit que je le leur avais dit.

MALVIENLA.

D'ailleurs, mon père, on ne fait pas une exposition au milieu de l'action.

SANREMOR.

On m'avait cependant composé une fière harangue.

CHŒUR.

AIR : *R'lan tamplan tirelire.*

Pour suivre ici notre plan,
En plein plan r'lan tamplan
Tirelire en plan,
A Charenton dans l'instant
Vous devez nous conduire.

MALVIENLA.

Tout mon cœur se déchire.

SANREMOR.

Ah! que nous allons rire!

CHŒUR.

Déchirons-lui le timpan,
En plein plan tamplan tirelire en plan,
Et que son mince talent
Sous un sifflet expire.

(*Ils vont pour sortir.*)

NULLIN, *les arrêtant.*

Eh bien, où allez-vous ?.... Est-ce qu'on joue la comédie à cette heure-ci? Il n'est pas encore minuit: demain, il fera jour, et nous y verrons clair.

AIR : *Bon soir la Compagnie.*

En conscience,
La nuit s'avance,
Et personne n'y pense.
Un petit somme
Rafraîchit l'homme;
Amis, allons dormir.

CHŒUR.

Allons, allons dormir.

MALVIENLA, *à part.*

Moi, je ne peux partir.
(*Haut.*)

Bon soir la compagnie,
La journée est finie:
Bon soir,
Jusqu'au revoir,
Jusqu'au revoir,
Bon soir.

(*Le chœur reprend ces quatre derniers vers, et disparaît.*)

SANREMOR.

Ma fille; je te laisse ici; tu n'auras pas peur toute seule?

MALVIENLA.

Une femme comme moi n'a peur de rien.

NULLIN.

Mais pourquoi n'irais-tu pas avec eux ?

MALVIENLA.

Je ne peux pas laisser la scène vuide.

SANREMOR.

C'est juste. (*Il sort.*)

SCENE III.

MALVIENLA, NULLIN, LES DEUX GILLES.

RÉCITATIF.

Le sifflet pour Brutal est donc inévitable.
Vous que j'aurais voulu voir toujours filer doux,
Père trop entêté, mari peu raisonnable,
C'est vous à Charenton qui serez les plus fous ;
Tous deux se chercheront au milieu du tapage,
La colère et le vin leur donneront du cœur ;
Peut-être l'un par l'autre étrillés.... Quelle horreur !
Ah ! le frisson me gagne à cette ignoble image,
Ne puis-je prévenir ce crime et ce malheur ?

(*Nullin et les deux Gilles , après avoir exprimé par de grands gestes l'intérêt que leur inspire Malvienla , vont se mettre , l'un avec sa guittare à cheval sur le haut de l'échelle ; les deux autres avec leurs vielles aux deux côtés. L'orchestre exécute l'air : Dodo , l'enfant do.*)

MALVIENLA.

Qu'entends-je ? Ah ! c'est la vielle des Gilles-barbes. A-t-on jamais vu faire de la musique auprès de gens qui veulent dormir.... à moins que ce ne soit pour les endormir plus vite.

NULLIN et les DEUX GILLES.

AIR : *Où l'on me verse du bon vin.*

Hibous,
Coucous,
Tous,
Filez doux,
Taisez-vous,

Les héros dorment en cadence.
Quand on est mort, c'est pour long-tems :
Les défunts ne sont plus vivans,
Quand ils ont perdu l'existence.

(*Ils descendent de l'échelle et l'emportent.*)

MALVIENLA.

Air : *Tandis que tout sommeille.*

Tandis que tout sommeille
Dans l'ombre de la nuit,
Moi, que l'ennui conduit,
Seule en ces lieux je veille :
    Je fais du bruit,
    Sans aucun fruit,
Je chante et me promène.
Si le public, peu satisfait
Et de la cause et de l'effet,
Demandait ce que cela fait :
    Cela fait..... une scène.

Bonne idée... Ces héros... Ils dorment tous... S'il y en avait un qui ne dormît pas... cela m'arrangerait fort... Mais que lui demanderai je ?... Je n'en sais rien. . C'est une raison pour y aller. D'ailleurs je présume qu'il va venir ici quelqu'un avec qui il n'est pas encore tems que je me trouve.... Ainsi je vais chercher un héros. (*Elle sort. L'orchestre exécute l'air :* M. *l'abbé où allez-vous ?*)

SCENE IV.

BRUTAL (*avec une casquette de marroquin vert, enveloppé d'un manteau, et s'appuyant sur chaque arbre.*)

(*L'orchestre exécute l'air j'ai perdu mon Ane.*)

Je marche depuis quinze minutes. A plus de dix toises à la ronde

J'ai parcouru les monts, les forêts, les déserts.

Le monde est bien grand .. J'ai passé une fort mauvaise nuit... Je ne dors bien qu'auprès de ma femme. (*se mettant en fureur, et parcourant le théâtre.*) Ma femme... La perfide ! L'ingrate ! l'infidelle ! la parjure ! Me quitter ! Pour suivre qui ? Son père... Un vieux fou. Si je savais dans quel honnête cabaret ils se cachent (*tirant sa batte*) j'irais....

Que dis je ? hélas ! ce vieillard est son père.

Asseyons-nous... Je n'en puis plus, les forces m'abandonnent, ma voix s'éteint, c'est bien le cas de chanter une romance.

Air : *A voyager passant sa vie.*

Il est naturel d'ordinaire,
Que l'on chante dans la douleur :
Dans l'état où je suis, j'espère
Qu'une romance est de rigueur.

Aux lieux où personne n'écoute,
On remplit l'air de ses accens ;
Cela ne sert à rien, sans doute,
Mais cela fait passer le tems.

Faisons ce que j'aurais dû faire en arrivant, prenons connaissance du local... Où suis-je ? Sur le bord de la rivière.... Voilà des arbres, ce sont des maronniers.... En grimpant sur cet arbre, je pourrai voir ce qui se passe sur la rivière... Que vois-je ?... des bachots. (*Il descend précipitamment de l'arbre.*)

Veillai-je, ô ciel !.... par des ombres errantes,
Par des fantômes vains suis-je donc abusé ?....

Voilà des gens qui se chauffent..... En voilà qui dorment..... Une femme rôde autour d'eux..... Que fait-elle là ?.... Elle vient de mon côté..... Tournons-lui le dos, et pour cause.

SCENE V.

BRUTAL, MALVIENLA.

MALVIENLA, *à part.*

Je n'ai point trouvé de héros : tout le monde dort.

BRUTAL, *à part.*

Ma femme ! Malvienla parmi mes ennemis !

MALVIENLA, *à part.*

Ils ronflent aujourd'hui, demain ils siffleront.

BRUTAL, *à part.*

Ils siffleront !

MALVIENLA, *à part.*

Ciel ! que vois-je ? Un individu !

BRUTAL, *à part, se touchant la poitrine.*

Mon cœur, taisez-vous.

MALVIENLA, *à part.*

Il a l'air de mauvaise humeur : adressons-nous à lui.

BRUTAL, *à part.*

Démêlons le fil de cette cabale.

MALVIENLA, *à part.*

Abordons-le.... Mon cœur, pourquoi bas-tu ? (*haut.*) Artiste de Vincennes.....

BRUTAL, *à part.*

Vincennes ! Il y a du mic-mac..... oui, il y en a.

MALVIENLA.

AIR : *Vous nous traitez avec malice.*

Auprès de toi, triste, éperdue,
Tu vois la fille des héros.
L'heure peut te paraître indue,
Puisque c'est celle du repos.
Mais à mes maux,
Fort à propos,
Le ciel t'envoie ici porter remède.
Tu m'as vraiment
L'air bon enfant,
Tu dois pour moi te montrer complaisant
Lorsqu'une femme n'est pas laide,
Et se trouve dans la douleur,
Tu sais bien qu'un homme de cœur
Doit lui prêter son aide.

BRUTAL, *à mi-voix.*

Épouse de Brutal, pour toi que puis-je faire?

MALVIENLA, *à part.*

Quelle voix! ce timbre-là est de ma connnaissance... si....
oui.... non..... cependant..... c'est égal.

AIR : *Ecoutez la prière* (*de Gulistan.*)

Le sifflet se prépare,
Et plein d'un noir transport
Brutal, dans la bagarre,
Peut frapper Sanremor.
Pour leur sauver un crime,
D'un père et d'un époux,
Etranger magnanime,
Va recevoir les coups.

BRUTAL.

(*à part.*)   (*haut, tragiquement.*)
Jolie commission. Sois tranquille, je le sifflerai moi-même.

MALVIENLA.

Le siffler ! Non, cruel. (*à part.*) C'est encore le même
timbre.

BRUTAL.

Cet époux.....

MALVIENLA.

J'en suis folle.

BRUTAL.

S'il est sifflé ?

MALVIENLA, *tragiquement.*

Je meurs !

BRUTAL.

Tu le hais.

MALVIENLA.

Tu es donc sourd ? Je viens de te dire que je l'aimais. *à part.*

Toujours le même timbre..... Pour la troisième fois je com-
mence à soupçonner que c'est lui.

BRUTAL.

O Malvienla !

MALVIENLA.

Ce trouble... Ces accens... (*à part.*) C'est lui. (*Haut.*) Brutal,
qui donc es-tu ?

BRUTAL, *ôtant sa casquette.*

Peux-tu me méconnaître ?

MALVIENLA, *après s'être jetée dans ses bras.*

Je t'avais reconnu.

BRUTAL.

AIR : *Courez vite et prenez le patron.*
Infidelle, que faisais-tu là ?

MALVIENLA.

Je venais y chercher mon papa.

BRUTAL.

Et ces étrangers qu'ici je voi.....

MALVIENLA.

Je ne les aime pas plus que toi.

BRUTAL.

Toi !

MALVIENLA.

Sanremor est vif, mais il est bon,
Doux comme un mouton :
Viens lui demander pardon.

BRUTAL.

Non.

MALVIENLA.

C'est trop raisonner : viens, suis mes pas.

MALVIENLA.

Non, je n'irai pas.

BRUTAL.

Tu marcheras.

MALVIENLA.

Quel embarras.

ENSEMBLE.

BRUTAL.	MALVIENLA.
Je saurai t'entraîner de ces lieux.	Il me plaît de rester en ces lieux:
Viens ou crains mes transports furieux.	Je brave tes transports furieux.
Laisse-là ton père, il est trop vieux,	Mon père fût-il encor plus vieux,
Crois qu'un jeune mari vaut mieux.	Auprès de lui je me trouve mieux.

SCENE VI.

LES PRÉCÉDENS, SANREMOR, NULLIN, COMÉDIENS DE VINCENNES.

NULLIN.

AIR : *Ah ! quel scandale abominable !*
Que vois-je ? ô ciel ! Quoi ! c'est Brutal !
Je tremble à cet aspect fatal.

SANREMOR, *en entrant.*

Que vois-je ? ôciel ! Quoi ! c'est Brutal !
J'enrage à cet aspect fatal.

COMÉDIENS, *arrivant ensuite.*

Que vois-je ! ô ciel ! Quoi ! c'est Brutal !
J'enrage à cet aspect fatal.

BRUTAL.

Oui, c'est Brutal :
Tremblez à cet aspect fatal.

MALVIENLA.

Modère-toi, mon cher Brutal.

SANREMOR.

Te voilà donc, poltron ! tu ne t'attendais pas à me trouver
en force.

BRUTAL.

Oui, vous êtes vingt contre un ; c'est brave.

SANREMOR.

Lâche !

BRUTAL.

Comme vous êtes poli ! D'ailleurs je veux bien que tu saches
que je venais chercher ma femme, et que je ne me soucie pas
du tout de mon beau-père.

SANREMOR.

Traître ! après avoir envahi ma direction ; après m'avoir
ravi mon sceptre et ma couronne, mes rôles de père noble...

BRUTAL.

Tes rôles ! Dans l'emploi des tyrans et des rois,
Combien par toi nos fronts ont-ils rougi de fois ?

AIR : *Une fille est un oiseau.*

Tu fis Auguste mesquin,
Alvarès atrabilaire :
Tu fis Mathran débonnaire,
Le vieil Horace taquin.
Dans Argyre,
Tu fis rire.

Tu fus pire.
Dans Zopire,
Lorsque Mithridate expire,
Tu finis par un hocquet.
Dans Cicéron tu fus bègue.
C'est du public dans don Diègue
Que tu reçus un soufflet.

SANREMOR.

Insolent ! Je vais te le rendre.

BRUTAL.

Ah ça, crois-tu donc me ramener par ces petits complimens
là ? Si j'aime à faire des sottises, ce n'est pas pour les réparer.

MALVIENLA.

Il est comme cela.

BRUTAL.

Ainsi,
Plutot que d'être vil, je reste criminel.

SANREMOR.

Joli principe, et bien fait pour m'appaiser.

AIR : *la faridondaine.*

D'ailleurs, on te verrait ici
Venir l'oreille basse,
Qu'auprès d'un beau-père endurci
Tu n'obtiendrais pas grace.
Ainsi
N'attends point de pardon,
La faridondaine, la faridondon,
Tu seras traité, Dieu merci,
Biribi,
A la façon de Barbari,
(*lui prenant la main.*)
Mon ami.

BRUTAL.

C'est bon, rira bien qui rira le dernier. Mais avant tout,

AIR : *Rendez-moi mon écuelle.*

Rends-moi donc ma femme Malvienla,
Rends-moi vîte ma femme.
Depuis qu'elle m'a planté là
L'ennui s'est glissé dans mon âme.
Rends-moi donc ma femme Malvienla,
Rends-moi vîte ma femme.

SANREMOR.

Ta femme ! Ma fille Malvienla !

AIR : *Tu n'auras pas petit polisson.*

Tu n'auras pas, petit fanfaron
Ce qu'ici ton âme
réclame,
Tu n'auras pas, petit fanfaron,
Les caresses de ce tendron.

BRUTAL, *tragiquement.*

Tu me la rendras.

SANREMOR, *de même.*

Je ne te la rendrai pas.

3

MALVIENLA, *se mettant au milieu d'eux.*

Ah çà, est-il naturel de laisser si long-temps une femme sans parler ? Vous ne vous apercevez pas que je suis là, et que je suis fort embarrassée ?

AIR : *L'un et l'autre.*

Quand vous vous serez bien battus,
Qui des deux aura le dessus ?
C'est l'un ou l'autre.
Je sais bien qui des deux mon cœur
En secret voudrait voir vainqueur :
C'est l'un et l'autre.
Qui mérite de l'emporter !
Messieurs, ce n'est pas vous flatter :
Ni l'un, ni l'autre.

BRUTAL.

Vous avez raison ; mais c'est égal, je veux me battre.

SANREMOR.

Et moi aussi.

CHŒUR.

Et nous aussi.

BRUTAL, *tirant sa batte.*

Artistes de Vincennes, vous avez tous bien mauvaise mine ; mais cela ne me fait pas peur.

Approchez tous, Brutal porte un cœur inflexible.
(*Aiguisant sa batte*)
Et son glaive est toujours altéré de combats.

MALVIENLA.

Eh bien ! vous allez vous mettre dix contre un ?

SANREMOR.

Ecoute donc, quand on tient son ennemi, on n'a pas contume de le laisser aller.

MALVIENLA.

Pardonnez-moi, mon père, c'est la dernière méthode.

SANREMOR.

C'est différent. (*à Brutal.*) En ce cas tu peux aller chercher tes gens.

BRUTAL.

Bien sensible à votre politesse. (*à part.*) Mes camarades dorment, sans doute ; mais il y a des casseroles dans la cuisine, et je frapperai dessus pour les éveiller. Au revoir. (*fausse sortie.*)

MALVIENLA.

Cher Brutal ! Mon doux ami....

BRUTAL.

Laisse-moi. Ah çà, viens-tu ?

MALVIENLA.

Mais....

BRUTAL.

Choisis entre ton père et ton mari.

MALVIENLA.

Mais....

BRUTAL.

C'est à prendre ou à laisser.

MALVIENLA.

Mon mari est Brutal, mon père est Sanremor ; pour le moment je reste avec mon papa.

BRUTAL.

C'est ton dernier mot ? Bonsoir. (*Tragiquement.*) Adieu.
Je vais vaincre ou mourir ! (*Il sort.*)

SCENE VII.

LES PRÉCEDENS, excepté BRUTAL.

SANREMOR.

Messieurs,

AIR : *de la fricassée.*

Ce n'est pas tout, lorsqu'on se bat,
Que de montrer un grand courage :
Voyons donc, avant le combat,
Si vos armes sont en état.

CHŒUR.

Nous avons le poignet bon.
(*On entend le son du chaudron.*)

MALVIENLA.

De l'airain j'entends le son.
(*Second coup.*)

SANREMOR.

Oui, c'est le son du chaudron.

MALVIENLA.

O son fatal !

SANREMOR.

Brutal
Nous donne le signal.

TOUS ENSEMBLE, *excepté* **MALVIENLA.**

Voici le moment, montrons-nous ;
Faisons tapage,
Faisons rage.
Les coups du tonnerre en courroux
Sont moins terribles que nos coups.
(*fausse sortie.*)

MALVIENLA, *les suivant.*

Je veux te suivre au milieu du carnage.

SANREMOR.

Fille d'un héros, ô ma fille ! un mauvais coup est bientôt donné.

MALVIENLA.

Et reçu.

SANREMOR.

AIR : *Vaudeville de Figaro.*

Or, messieurs de la musique,
Vous qui ne vous battez pas,
Ici de ma fille unique
Sachez retenir les pas.

Comme à l'Opéra Comique,
Tandis que nous nous battrons,
Chantez-lui quelques chansons.

NULLIN.

Comment, chanter lorsqu'on se bat?

SANREMOR.

Cet usage existait chez un peuple qui n'a jamais existé.
(*à l'Orchestre.*) Et vous, messieurs, j'espère que vous accompagnerez ma fille pianissimo..... Mais que vois-je?..... des violons?.... Qu'est-ce que cela veut dire, des violons?

AIR : *Des fraises.*

Aux emportemens lorsque
Nous mêlons les complaintes,
Imitez-nous, et puisque
Nous sommes fous, n'ayez que
Des quintes.   (ter.)

(*Il sort, suivi des comédiens.*)

SCENE VIII.

MALVIENLA, NULLIN, LES DEUX GILLES.

NULLIN, *à Malvienla.*

AIR : *Eh gai, gai, gai, mon officier.*

Eh gai, gai, gai, la belle enfant,
Chassez cette humeur noire,
Nous allons vous faire à l'instant
Un conte assez plaisant.
Ce sera votre histoire.
Je vais l'improviser;
N'ayez pas l'air d'y croire,
Pour vous en amuser.

NULLIN ET LE MUSICIEN.

Eh gai, gai, etc.

MALVIENLA.

Chantez toujours, je ne vous écoute pas.

NULLIN, *d'un ton de complainte et en fausset.*

Histoire véritable et remarquable de Pathos et Indolent,
ou les revenans de Belleville.

AIR : *Par la vertu du saint-suaire.*

Sur un gros nuage assis,
Je vois un père et son fils.

MALVIENLA, *interrompant.*

Comment ? est-ce qu'on s'assied sur les nuages?

NULLIN.

Oui, dans les poésies d'Ossian.

MALVIENLA.

Ah ! c'est juste.   (*finissant l'air.*)

Que d'auteurs dans leurs ouvrages,
Imitant ces beaux écarts,
Par la vertu des nuages,
Se perdent dans les brouillards.

NULLIN.

Je recommence.

Même air.

Sur un gros nuage assis,
Je vois un père et son fils.

(L'orchestre continue l'air plus sourdement , tandis que les
acteurs parlent.)

Laisse-là ta chanson. (*Elle monte sur une chaise*) Entends-
tu le bruit du combat ?

NULLIN.

Mon Dieu non. Prenez donc garde de tomber.

MALVIENLA.

Les cris des vaincus ?

NULLIN.

Pas davantage.

MALVIENLA.

Les chants des vainqueurs ?

NULLIN.

Encore moins.

MALVIENLA.

C'est singulier, je croyais que je devais entendre tout cela.

Que vois-je? Ciel! Mon père ! ah ! mon époux n'est plus !

SCENE IX.
LES PRÉCÉDENS, SANREMOR.

SANREMOR.

Victoire ! ma fille , victoire !... Je suis vainqueur, et ton
époux est.....

MALVIENLA.

Cela va sans dire.

SANREMOR.

Battu.

MALVIENLA.

Du moins il se porte bien ?

SANREMOR.

Comme cela.

MALVIENLA.

Eh bien, je suis plus tranquille. Mais vous avez eu bientôt
fait......

SANREMOR.

Nous n'étions qu'à deux pas.

MALVIENLA.

Mais que feras-tu de Brutal ?....

SANREMOR.

Ce qu'exige ma sûreté. (*A la cantonnade.*) Avancez, vous
autres.

CHŒUR DANS LA COULISSE.

AIR : *La boulangère a des écus.*

Victoire pleine,
Entier succès ;
Réjouis-toi Vincenne.
Vit-on jamais tant de hauts-faits
Sur les bords de la Seine,
Jamais,
Sur les bords de la Seine.

SCENE X.

LES PRÉCEDENS, BRUTAL, un mouchoir blanc noué autour de la tête, le bras en écharpe, donnant le bras de chaque côté à des comédiens de Vincennes. *On voit un bateau.*

SANREMOR, *à part.*

Je te la garde bonne.

BRUTAL.

AIR : *Tarare pompon.*

Où me conduisez-vous ?
Que vois-je ? mon beau-père ?....
Ô rage !

SANREMOR.

File doux,
Je ne crains plus tes coups.
Objet de ma colère,
Dis-moi de Sanremor,
Qu'attends-tu pour salaire ?

BRUTAL.

La mort.
Et dépêche toi ; car j'ai affaire.

MALVIENLA.

Mauvaise tête !... Ne vas-tu pas encore lui chercher noise ?

BRUTAL.

Encore une fois laisse-moi ; tu te réjouis de me voir battu.
Tu es de moitié avec ton père.

MALVIENLA.

Va, je redeviens ta moitié.

BRUTAL.

Et toi, féroce Sanremor,

AIR : *A l'eau (de la Pauvre femme.)*

N'es-tu pas las de ruminer,
Avant de te faire justice ?
Quand veux-tu te déterminer
Sur le genre de mon supplice ?

SANREMOR.

Depuis long-tems mon choix est fait ;
De ma bonté c'est un effet
Dont tu dois être satisfait.

BRUTAL.

Voyons donc (bis) quel est ce châtiment nouveau.

(23)

SANREMOR.

A l'eau, à l'eau,
Va t'en dans ce bateau,
A l'eau, à l'eau,
Pour toi c'est un sort assez beau.

BRUTAL.

Eh bien, vogue la galère !

MALVIENLA.

Un moment. Mon père, est-ce qu'on ne pourrait pas arran-
ger cette affaire-là ?

SANREMOR.

Impossible.

MALVIENLA.

Fais-lui jouer le Gilles pendant un mois.

SANREMOR.

Non.

NULLIN.

A mon tour. Sanremor, il y a bien long-temps que je n'ai
parlé, j'ouvre encore une fois la bouche.

SANREMOR.

Ferme-là.

MALVIENLA.

Barbare ! tu veux donc que ta fille soit veuve ?

SANREMOR.

Cela ne me regarde pas.

MALVIENLA.

AIR : *Je suis né natif de Ferrare.*

Oui, ta senteuce est équitable,
Mon époux est vraiment coupable,
Il a bien mérité la mort ;
Il a mérité pis encor.
Mais puisqu'il faut, dans ma misère,
Choisir d'un époux ou d'un père,
Ne pouvant les garder tous deux,
J'appartiens au plus malheureux.

BRUTAL.

Ciel! Malvienla !... Se peut-il ? Non, çà ne se peut pas ; ainsi
je pars tout seul.

MALVIENLA.

Non, je vais avec toi.....

BRUTAL.

Où ?

AIR : *Non, je ne ferai pas, etc.*

J'ignore où le destin voudra que je débarque.

MALVIENLA.

Nous pouvons, mon ami, bien mener notre barque.

BRUTAL.

Mais je suis ruiné.

MALVIENLA.

Je passe là-dessus.

BRUTAL.

De plus, mauvais sujet.

MALVIENLA.

Je t'en aime encor plus.

Parlons, Brutal.

BRUTAL.

Arrête.....

AIR : *Du confiteor.*

C'est trop faire le rodomont :
Prenons des manières plus douces ;
Sans vouloir dérider ton front,
Puisque toujours tu me repousses,
Il faut enfin mettre les pouces.
(il se met à genoux.)
Oui, c'en est fait (bis) à Sanremor,
Brutal dit son confiteor.

MALVIENLA.

Voilà ce que tu as fait de mieux aujourd'hui.

SANREMOR.

C'est un peu tard.

NULLIN.

Il vaut mieux tard que jamais.

BRUTAL, *toujours à genoux.*

Eh bien ! vous m'oubliez ?

SANREMOR.

Ah c'est vrai, reviens sur mon cœur.

VAUDEVILLE.

AIR : *Eh ma mère! est-c'que j'sais ça ?*

MALVIENLA.

Si tu fus long-tems rébelle,
Il fut long-tems entété,
Et par-là votre querelle
Durait une éternité.
Après mainte extravagance,
Au bon sens tu te soumets.
Il revient à l'indulgence,
Il vaut mieux tard que jamais.

SANREMOR.

Atteint d'un mal qui le tue,
Gripon, pour mourir en paix,
A son prochain restitue,
La veille de son décès.
Pendant trente ans Isabelle
Trompa mille amans parfaits :
Au dernier elle est fidelle.....
Il vaut mieux tard que jamais.

NULLIN.

Tel écrivain que l'on cite,
Auteur du grand numéro,
En bonnes maisons récite
Souvent son drame nouveau.
On attend l'œuvre du maître,
Enfin, deux, trois ans après,
Il paraît pour disparaître :
Il vaut mieux tard que jamais.

BRUTAL.

On parodie un ouvrage
Que l'on admire pourtant,
Et dans chaque personnage,
Maint auteur plein de talent.
Le parodiste s'arrange
A ne rien épargner, mais
On finit par la louange.....
Il vaut mieux tard que jamais.

MALVIENLA, *au Public.*

Si dans cet œuvre éphémère
Vous avez vu maints défauts,
Si la critique sévère
Suspendait quelques bravos,
Quand l'heure fatale avance
N'allez pas rester muets ;
Songez qu'en fait d'indulgence
Il vaut mieux tard que jamais.

FIN.